광한문학 2025 제3호

꿈꾸는 돌

광한문학회

차례

2025 문학기행

발간사

어느덧 〈광한문학〉 사화집 제3호를 선보입니다.

셋째딸은 선도 안 보고 데려간다는데 우리 눈에는 그저 기껍고 대견스럽습니다. 시 쓰기를 통해 생명을 존중하고 사람이란 마땅히 어떠해야 하는가 늘 고민하게 되었습니다. 복효근 시인님의 사랑 어린 꾸중과 격려 속에서 애면글면 시상을 다독이고 썼다가 지우고 다시 쓰다 보니 한 줄, 한 편의 시를 낳게 되었습니다. 책에 적힌 글월과 함께 행간에 젖은 우리의 그런 눈물과 노력을 보여드리고 싶습니다.

시를 읽지 않는 시대라고 합니다. 시가 팔리지 않는 시절이라고도 합니다. 그러나 세상에는 사고파는 것이 아닌 것을 꿈꾸는 사람도 있습니다. 우리 남원의 광한루원만 해도 그렇지요. 비록 눈비 오는 지상이지만 거기 옥황상제의 궁전인 광한전과 오작교를 만들어 천상의 세계를 지어낸 옛사람의 상상력, 남원은 그런 시적 초월의 공간이었습니다. 그처럼 비록 발은 땅을 딛고 있지만, 우리의 시선은 늘 높은 곳을 지향하자고 우리 모임도 천상 궁전의 이름을 따서 광한문학이라 했던 것입니다.

북극성을 바라보고 걷는 나그네가 북극성에 도달하려는 것은 아닙니다. 그러나 북극성을 바라보는 나그네라야 밤중에 길을 잃지 않을 것임을 알기에 우리는 굳이 어둠 속에 서서 시라는 북극성을 통하여 진정한 삶에 도달하고자 합니다. 〈광한문학〉 사화집 제3호 발간을 함께 축하하며 우리의 잡은 손 더 굳게 잡고 나아갈 것입니다.

표지화를 그려주신 이선주 회원님, 초대 시를 보내주신 오성일, 함순례 시인님께 깊은 감사를 드립니다.

2025년 가을에

광한문학 편집위원 일동

【광한문학회 지난 이야기】

지리산 氣를 받으며

화기애애하면서도

진지한 분위기에서

詩를 공부하고

〈문학상 수상〉

최태랑
제36회 전국 성호문학상 대상

이정숙
제14회 고양행주문학상 시부문

〈출판기념회〉

광한문학 제2호 『꽃받침』

고은혜 『가만히 하늘의 소리를 들어 봐』

최태랑 『시인의 아내』

이정숙 『그 잠 곁을 돌아 나왔다』

〈문학기행〉

설레는 마음으로 용산역에 도착

고양문인협회 주관
복효근 시인 디카시 강의를 듣고

서울타워 야경을 즐기고

마음까지 환하게 웃고

예술의 전당 한가람미술관에서 샤갈 특별전 관람

초대시

오 성 일

1967년 경기도 안성에서 태어나 2011『문학의 봄』으로 작품 활동을 시작하였다.
시집『외로워서 미안하다』,『문득, 아픈 고요』,『사이와 간격』등을 펴냈으며, 존재의 슬픔에 아파하면서 옳은 것은 옳다고, 그른 것은 그르다고 고백하는 것으로 시 쓰는 노릇을 삼고자 한다. 〈작은 詩앗 채송화〉 동인으로 활동하고 있다.

주방보조급구

십이월 시장통 실비집에서 '주방보조급구'를 '보조주방급구'로 읽은 밤이 있었다 늘상 주방이 좀 넓었으면 좋겠다던 아내의 투정 탓이라고 마른 이마를 긁적였다 남은 술을 비우고 문을 나설 때 작은 손을 앞섶에 닦으며 식당에서 나오는 여인을 보았다 늦도록 설거지를 마치고 집으로 돌아가는 주방보조는 밤의 나팔꽃처럼 어깨가 젖어 있었다 변두리로 가는 마을버스가 그녀와, 또 이곳저곳에서 흩어져 나온 밤의 보조들을 거두어 싣고 있었다 밤은 깊을 대로 깊었는데, 지붕 낮은 어느 집에서 그녀를 기다릴 어떤 사내와 그들의 어린아이와, 필시 우리 집 반만쯤 할 그네들의 주방을 떠올리다가, 아무래도 나는 아내의 말에 보조를 맞추기는 어렵겠다는 생각을 하며 막차에 올랐다

이러한 셈법

오만 원을 넣을까 십만 원을 넣을까 망설이다가 오만 원을 넣는 날은 그래, 되도록 아껴 쓰고 늙을 날을 대비해야지 생각하며 잘했다 하고 십만 원을 넣는 날은 어차피 머잖아 따라갈 길인데 오만 원 아껴서 무슨 호강을 하겠느냐고 또 잘했다 한다 그것은 어쨌든지 살아 있으니 살아보겠다는 뜻 더 쓴 오만 원이든 남긴 오만 원이든 잘했다고 다 잘했다고 저 혼자 오만 원짜리 칭찬을 하면서 어쨌거나 되도록이면 살아 있는 내 생을 위안하며 살아보겠다는 최선의 셈법

초대시

함순례

1991년 사화집 『개망초꽃 등허리에 상처 난 기다림』으로 활동 시작, 시집 『담쟁이덩굴의 독법』 등과 시사진집 『파리에서 비를 만나면』, 산문집 『우리는 서로의 나이테를 그려주고 있다』가 있음.

폭우

식탐 부리다 혀를 깨물었나
불룩한 배가 슬펐나, 토사곽란이 났다
응급실에 갔다

아프지 말거라

수액을 맞는 동안 외삼촌이 병실 천정에서 굽어본다
스무 살 내게 곁방을 내어주고
철로변 흔들리는 세간에도 맑은 기운 잃지 않았던
그 손 잡아보려 하는데
가뭇없이 멀어진다

자리보전하고 누우셨어, 뼈만 남은 모습이더라

눈시울 붉어지고
내장은 뒤틀려 물 한 모금 삼키지 못하고
깨물린 혀는 쓰라리고

〈

웅크린 담요를 가로질러 기차가 지나간다
가로등 불빛이 덜컹거린다

경적을 울리면서
캄캄하게 재생되는 구름

이 비 그치면 새로이
크고 마른 별로 태어나실까
밤이면 창문을 두드리실까

내가 속상한 여름에 잠겨 식은땀을 흘리는 동안
문밖에서는 다정한 외삼촌이
줄기차게 쏟아졌다

모두가 잠든 아침 살금살금

밤새 내린 눈이 대지와 포옹을 나누고 있네 이대로 깊어지는 마음이 있다면 온 마을이 환하겠네 그 눈부신 포옹을 굳이 풀 일인가 마루에 앉아 한동안 바라보다가 등굣길 아이들 생각에 몸을 일으키네 빗자루 들고 대문을 나서자 잠꼬대에 빠져 있는 골목이 뒤척이네 고요한 밤 거룩한 밤을 지낸 숫눈들의 잠을 흔들어 길가로 모아주네 비질 세수를 마치면 차례로 드러나는 글자들 '학교 앞 천천히 어린이 보호구역 30' 졸린 눈 비비며 눈을 뜨는데 좀 있으면 완전히 흰 잠에서 깨어난 어린 책가방들이 입김 내쉬며 이 모퉁이를 돌겠지 노란 웃음 태운 통학버스도 가뿐히 지나가겠지 모두가 잠든 이른 아침 살금살금 등교하는 비질 소리

고은혜

광한문학회 회원
2017년 《사상과 문학》으로 작품 활동 시작
시집 『가만히 하늘의 소리를 들어봐』

에셀나무를 심고*

첩첩 황량했지요

너무 깊고 어두워서
아무것도 보이지 않았어요

젊음은 저만치서 서성이다 가버리고
꽃들은 피었다가 시드는 것을 반복하며
내 이름을 불러 주지 않았어요

심히 텀벙거렸지요

목 놓아 변론해 보았지만
벼랑 끝에서 알게 되었어요

빛이 돌아보지 않았더라면
어둠이 자기의 것이라 주장하였더라면

---

* 성경에 아브라함이 브엘세바에서 에셀나무를 심고 영원하신 여호와의 이름을 불렀다고 기록되어 있다. 이는 영원한 생명과 안식을 상징하는 의미가 있다.

〈

오래 기다렸지요

일기장 속에 끼워 둔 상처를 꺼내며
나지막이 불러보는 어메이징 그레이스

저기 꽃피는 소리
둥지를 찾아 오가는 새들의 북적이는 소리
바람도 갸웃 쉬어 가는

에셀나무 그늘에 누워 휘파람을 불어요

물의 노래

다시 뒤돌아보지 않아
밟고 올라서지 않아도 돼
그냥 내 길을 가자

먼 길 가다가 지치면
하늘 한 번 우러러
구름의 소식도 들어보고
바람의 안부도 물어보며
천천히 흘러서 가자

저기 황폐한 땅
부서진 돌들의 허다한
사연을 품고
낮은 곳 더 낮은 곳으로

바다는 다 받아들여서
바다가 되었다지

〈

저 맑고 광활한 나라
심장이 닿는 그날까지
온 세상 어루만지며 가자

그곳에서
부서져 부르는
파도의 노래가 되자

참기름

꽃진 자리
탈탈 털려서 왔다

바람이라도 불면 금방 날아 가버릴 것 같아
야문 다짐을 해보지만
불꽃 위에서 궁글다가 뭉그러진 몸
할 말을 잃은 채

'참' 참이라는 접두사를 붙안고
들볶고 쥐어짜는 화탕지옥을 건너며
나는 죽어서 태어난다

속수무책이다
오직 신의 결재만 있을 뿐
내가 할 일은 눈 딱 감고 기다리는 일

첨탑 위의 십자가 알려주리라

〈

기름 중의 기름
내 안에 가진 가장 순전한 언어
그 진한 향기의 길

꽃 타령

명절 끝
온 가족이 모인 자리에
사위의 꽃 타령이 구성지다

꽃피었네요 꽃이 피었어요
새벽녘 노오란 응가 꽃이 피었어요

세 살배기 딸의 몽글몽글한 똥을 보고
꽃이라 부른다

이리저리 오가며 부르는
향기로운 똥 타령

꽃이 이쁘다 한들 이 꽃만 할까

맞다
지독한 사랑은 똥도 꽃이다

야상곡
– 쇼팽의 녹턴 NO, 2

눈 내리는 밤이었어

창밖을 보며
페퍼민트 차를 끓이는 동안
맑은 피아노 소리에 시가 흐르고

나는 달빛에 무등의 악보를 그리며
가버린 시간 속 그림자 여행을 하고 있었지

내 사랑은 멀고
희미한 이별은 차근히 고이는데

아르페지오 칸타빌레 몽환의 선율이
달빛 머금은 눈꽃 사이로 흐른다

겨울 새 뒤척이다 잠든 밤
하얀 눈 쌓여만 가고

건반 위로 흐르는 은하의 물결
가물거리는 여운에 기대어
허밍으로 부르는 세레나데

으흠 흠~~
사랑이야
사랑인 것을

소풍

완산 꽃동산
창창한 꽃들의 행진

봄. 이. 고. 와
한 열흘 머물다 가고 말
것을

피는 꽃 지는 꽃
바라보다가

사진첩 속에서 활짝 핀 한
송이를
슬며시 꺼내 보네

멀리 와서
와버려서

〈

돌아갈 길 잃은
꽃의 긴 발자국

나이아가라

옛날이 도진다
엄마의 무릎에서 몽글던 꿈

선잠 든 어린 딸을 감싸주던
물 건너서 온 것이라고 아끼던
나이아가라 치마폭

잘 살아야 돼

멀고 먼 나이아가라도
구경시켜 드려야지
잠결에도 굳게 걸었던
새끼손가락

짠 설움 다스리며
이제야
야금야금 속가슴을 후벼판다

〈

저기 옥빛 물결에 흰 그림자
천상은 고요한데
아직도 잠 못 이루는

김봉숙

문예사조 시 등단
현대시문학 삼행시 문학상
남명문화제 시화문학상 포켈쳐상
영광상사화 문학상
문학공간 디카시 대상
오은문학 디카시 대상
광주광역시문인협회 회원
광주광역시시인협회 회원
광한문학회 회원

디카시집『갯마을 오후』
시집『누군가 부르지 않아도』

멍

나도 모르게 멍에 든다

소설을 읽다가 한참 빠져들어
머릿속이 멍하니 텅 비게 되고
강가 앉아 무심한 풍경 바라다보면
멍에 갇혀 버린다

시도 때도 없이 멍이 든다

산길 걷다가
돌부리에 부딪혀 아려올 땐
내 무슨 잘못을 했는가 싶어
마음 한 켠이 시퍼렇게 멍이 든다

어느 날은
누군가가 무심히 쏟아낸 말
물음표로 돌아올 때 한동안
얻어맞은 자리처럼 퍼런 물이 든다

〈

파스를 붙일 수도 없고
찜질로도 가시지 않아
멍은 멍으로 다스리라는지
물멍 불멍 노을멍 꽃멍 숲멍……

당장 지우고 싶지만
어쩔 도리가 없어
멍을 지우기 위해 멍에 드는 시간이 많다

느리게 더 느리게

걸으면 안 되는 줄 알았지
날마다 새벽이면
저수지 둑방길 돌아 가파른 산도 뛰어서 올랐지

국도를 달릴 때
자주 중앙선 넘나들며
속도계 눈금은 한사코 오른쪽으로 기울었지

고속도로를 달릴 때에도
추월선 넘어
자주 누군가를 앞질러야 직성이 풀렸지

이제는 어디를 가더라도
자동차 속도계 눈금을 왼쪽으로 되돌리고 싶다

해 뜨면 깨어나
느티나무 사이를 천천히 거닐고
달 밝은 밤이면 시를 읽다가 창가에서 잠들고 싶다

〈

가다가 쉬고
쉬다가 다시 가고 싶다
선을 넘지 않고 느릿느릿 가고 싶다

밥을 태우다

밥솥에 쌀을 안치다가
느닷없이 떠오르는 시상이 있어
책상 앞으로 달려가
내 안에서 들리는 말소리 그대로
종이 위에 받아 쓴다

시를 쓰다가 창밖 보다가
방금 전 부엌의 일들은
깡그리 잊어버린다

탄내는 스멀스멀 방문 틈으로 들어오고
문 열린 냉장고 신호음이 애를 태우면
그때서야 정신이 되돌아온다

돈도 밥도 안 되는 시 한 줄이
초가삼간 태우겠다

밥 한 끼 태운들 어떠랴
번듯하게 내 마음 펼칠 수만 있다면

애간장이 다 타도 좋겠다

오늘 저녁은 탄 밥이다

미안하다는 말도 못하고

명예퇴직금 살림에 보태야 한다는 말 뿌리치고
새 차를 샀다
내가 쓰다만 차를 끌고 다니던 당신
객지로 발령이 났을 때
밤새 근무한 후에도
고속도로를 달려 곧장 집으로 오곤 했지
바람 부는 날
굽이진 길 달릴 때
휘청거리다 못해 이탈해 버릴 것 같은
두려움이 올 때도 많았는데
당신은 새 차 사 달라는 말 하지 않았지
두 아들 대학에 보내고
졸업 후에도 취직 시험 준비하는 동안
몇 년씩 뒷바라지해야 했다
나는 아무 생각도 없이
용돈이 부족하다며 투정을 부리곤 했지
오늘은 길 위에서
두 손 모은다

비 그치고 구름 사이로 해 뜨는 휴일
평생 헌 차 끌고 다니던 당신에게
미안하다는 말도 못 하고

안몰댁 2

비가 그친 여든 생일에
나는 참깨 심기에 좋은 날이라 했더니
당신은 흙이 질척거려 안 된다 하신다

안다 궂은 일 시키지 않으려 하시는 거다
실랑이 끝내고
숟가락 몇 개 대접 몇 개 챙겨
밭으로 간다

작은 숟가락 하나로도 흙 파서 길을 내고
다시 덮고 참깨알 두세 개씩 집어놓고
슬며시 다독거린다

어찌 아셨을까
숟가락으로 생명의 길을 내
새 움이 싹튼다는 걸
신에게서나 배웠을 법한 묘수

〈

물기 빠진 흙이 뿌리 내기에 좋은데도
젖어서 씨앗을 심을 수 없다고 말하시더니
이때다 싶었던지 허리 한 번 펴지 않는다

반나절 촉촉한 흙 파고 덮었을 뿐인데도 팔다리 뻐근한데
자식들이 광주로 부산으로 돌아간 뒤
한 며칠 꺾어진 허리 부여잡고
혼자 밭고랑 기어다니시겠지

비탈진 밭은 오늘 따라 더 가파르고

나를 떠나보내며

핸드폰을 바꾸었다
그간 함께 하던 흔적들 모두
새 기기로 옮긴다
내가 한 말
내가 찍은 사진
내가 사용한 단어와 문장

하나도 남김없이 다시 연결하고
화면에 이름 생년월일 넣고
지문 수 없이 갔다 대어
내가 진짜 나의 주인임을 확인한다

이렇게 했음에도
건너오기 싫다는 듯
사진도 그와 함께 그 시간도 그 사람들도
거기 남아 있겠다고 버틴다

그래, 가버린 것

돌아오지 않은 것
애써 불러들이지 말자
까맣게 잊어버리아 한다

다시 온다 한들 새 것이겠느냐
흘러간 강물은 다시 오지 않는다
새 술은 새 부대에 부어야 하리

강물에 꽃잎 하나 띄워 보내듯
나는 나를 떠나 보낸다

멀구슬나무꽃이 필 때
– 아버지 기일에

보랏빛 노랫소리
앞동산 마을길 여기저기에 터지는데
아무런 꽃내음 오지 않는다

멀구슬나무는
꽃이 질 때 향기 난다

당신은
해도 뜨기 전 들녘 한 바퀴 돌아
흐르는 땀방울에 부지런히 꽃향기 묻혀 왔지

그렇듯
가시는 길엔 온 동네 멀구슬꽃 내음이 났지

당신처럼
내 가는 발걸음
잊혀질 뒷모습에도
멀구슬꽃 향기 한 줄기 남길 수 있을까

〈
아버지 다녀가신 듯
저녁 꽃향기 바람결에 스친다

복효근

1991년 『시와 시학』으로 작품 활동 시작, 시집으로 『예를 들어 무당거미』, 『중심의 위치』 등이 있으며, 디카시집 『허수아비는 허수아비다』, 『사랑 혹은 거짓말』 등을 출간하였고, ‘신석정문학상’, ‘박재삼문학상’, ‘한국작가상’, ‘디카시 작품상’ 등을 수상하였다. 〈작은 詩앗 채송화〉 동인으로 활동하고 있다.

꿈꾸는 돌

몽돌이라 했다

몽돌해변은 돌의 수도원
통성기도가 적막으로 수렴되는 곳

모나고 날카로운
애초엔 바위였으리라

잘게 더 잘게
작게 더 작게

부피도 무게도 지니지 않은
이윽고 한 점이 될 때까지

빛을 꿈꾸는 돌이 있다

그 사이 별이 뜨고

오후가 되자 바람이 잦아들고
서녘 하늘엔 노을이 깔리기 시작했다

꽃핀 쑥부쟁이 몇 포기를 피해 예초기가 에둘러 지나간 자리
산책길엔 고라니 똥 한 무더기

우린 그렇게 길을 함께 나누어 쓰고 있었구나
고라니도 한참 하늘을 올려다 보았겠다

매에 쫓기던 새들도
지금쯤 둥지에 들었을 것이다

길 복판으로 기어드는 지렁이를 풀밭에 던져주었다

세상은 늘 조간신문 정치면 같아도

누군가의 등을 토닥이고 싶은 저녁은 있다

다시 종달리[*] 바다에서

10할이 바람이다 나는
없다
부서지며 파도는
제 따귀를 제가 때리며 운다
그러면 무단히 아파서 내가 앓는다
어디에나 있고
어디에도 없어서
결국에는 아무것도 아닌 포말 같은
바람 같은
길
지나간 것은 지나가서 없고
오지 않은 것은 오지 않아서 없고
지금은 가버릴 것이어서
없다
내가 선 지점은 모래 한 알의 영토
포말의 잔등
따귀를 어루만지며
없는 내가 없는 나에게 한 잔 건넨다

* 제주 구좌읍에 있는 바닷가 마을 이름

송경덕

광한문학회 회원

시 쓰기를 통해 성찰하고 치유하며
풍경 소리에 마음을 피우는 야생화

오늘도 길 위에서 풍경을 듣는다

바위를 쓰다

누구도 내게 쓰라고 하지 않았다

그저 내 안 깊은 데서 굴러나온 말,
언어의 바위 하나
저 높은 곳으로 밀어올릴 뿐

밤마다 그 바위를 품고
오르고 또 오른다

내 안에 사는 것이
나보다 무겁고
지구보다 더 무겁다

다 밀어올렸다 싶은 순간에도
끝이란 없어
버거워 내려놓고 싶었지만

쓰고 지우고 다시 쓰는 일

굴러떨어지는 바위를 손끝에 받치고
한 자 한 자 새기는 나의 천형天刑

오늘도 쓴다

바위 구르는 소리 내 안에서 울려 퍼질 때
그 고통의 힘으로
나는 살아있었으므로

숨비소리

창백한 형광등 아래
직함으로만 불리는 하루
시간은 언제나 남의 몫으로 흘러가고
달력 속 제 이름은
다음 달로 밀린 휴식 한 칸

늘 웃는 얼굴 담아낸 그 속은
몇 번이나 터졌을까
그때마다 검게 그을린 숨구멍
첫울음처럼 열렸겠지

몰래 몰아쉬던 숨들
그건 숨이 아니라
버텨본 이들만 아는 오래 눌린 울음
소리 없는 비명 혹은 숨비소리

휴가 내고 쉬라고 말들 하지만 휴가는
먼 사막의 신기루 같은 것

일과 가정
두 세계 사이에서 휘청거리다
애써 중심을 잡고 나는 다시 서야 한다

출렁거리지도 못하는
무풍의 바다 한가운데서
물속 깊이 가라앉은 이름 하나
끝없이 끌어 올린다

다시는 그 이름 놓지 않으려
햇살 속으로 한 걸음씩 걸어가는
워킹맘

익명의 그녀

보이지 않는 신호등

빛줄기가 폭포처럼 쏟아져 내려
방심하기 좋은 아침

겁도 없이 인도를 달리다
자전거가 콧노래에 가속이 붙은 순간
금 간 보도블럭이 내 안다리를 걸었다

자전거는 속도를 놓은 채 드러누웠고
찢긴 바지 틈
무릎은 빨간 신호등빛으로 얼룩졌다

연못의 물결처럼 나를 에워싼
낯선 눈빛들

그때서야 들렸다
보이지 않는 신호음 –
무심코 외면한 경고들

〈
언제 어디서나 제동을 걸어주는
무언의 신호등

설마, 혹은 질끈 눈 감은 적 많았는데
보이지 않는다고 외면했던 것들이
점멸신호되어 나를 흔들었다

발길 닿을 곳 그 어디쯤에서
나는 노란불의 예고에 머뭇거릴까
그땐, 빨간불 덫에 걸린 무릎이 부끄럽겠지

내 안의 신호등이 깜빡거린다

삼색 볼펜

필통에서 삼색 볼펜 한 자루 꺼내든다

검정색은 아무 생각 없이 막 써나가면서
파랑 빨강은 치켜들고
갸웃거릴 때 있다

검정색 볼펜은
앉지도 서지도 못한 채
엄마로 아내로 며느리 딸 직장인으로
만만하게 막 부려 먹던 내 지난날 같아
꽉 쥐지도 못하고

쓰지도 않고 밀쳐둔 파랑 빨강은 어디 갔나
반백 년을 곰곰 반추하며 한참을 만지작거린다

누가 알아주지 않아도 써야 할
빈 페이지들 아직 남아 있기에

〈

어제의 나에게 푸른색 편지를 쓰자
친구와 약속도 파란색으로 기억하자
무엇보다 심장이 시키는 일에는
빨간색으로 커다란 별을 그려놓고
그 속을 정오의 태양보다 더 눈부시게 채워나가자

내 반성문에는 무슨 색을 쓸까

첫 페이지 첫 줄을 쓰듯이

뭇국을 끓이다가

반들반들한 무를 반 자른다
골다공증 같은 구멍이 숭숭
바람 한번 옴팡지게 들었다

언젠가 했던 친구 말이
곁에서 말하듯 들려온다
–세상 건강해 보이더니 허당이네

눈물조차 바닥나 속이 쩍쩍 갈라져도
애써 짓던 축축한 미소가 짠해
그렁한 눈으로 빤히 쳐다보는 눈길
차마 외면하지 못하던 그날처럼

바람들어 부스스한 몸 안고
매끈하게 버텨온 겨울 무를 썰면서
또각또각을 토닥토닥으로 바꾸어
애써 나를 다독이는 저녁이 있다

중년

바닷가 불 꺼진 방 창문 열어두고
닫으려던 귀도 파도 소리에 반쯤 열어두고
한 마리 조나단*처럼
마음은 저 높은 하늘을 날다

매듭달** 끝자락, 술 한 잔도 없이
장조와 단조를 넘나드는 갈매기 떼 울음소리에
밤새 속울음 길게 토해내는 남자

푸르스름한 새벽 숨결이 이슬방울로 맺히자
갈매기들 못다 한 노래 서둘러 삼키며
일제히 날아오르고

그는 여느 날 아침처럼
그럴싸한 외투 한 장 걸치지 않고
눈보라 몰아치는 세상 속으로 걸어들어간다

---

* 조나단 리빙스턴, 리처드 버크의 우화소설 《갈매기의 꿈》 주인공
** 12월의 우리말

〈

한 끼 밥이 더 중하다고
조나단 같은 것은 모른다고
맘에도 없는 말 툭툭 뱉어내면서

누군가의 하루 끝에서

달빛이 밀물처럼 넘실대는 밤
오늘도 거리에 나선다

창에는 불이 꺼지고
누군가는 하루를 내려놓지만
나는 아직
누군가의 하루 끝에 서 있다

술기운에 젖은 말들
무게에 짓눌린 얼굴들이
비틀대며 들어와
뒷좌석에 기대어 앉지만

묻지 않는다
그저, 말없이 핸들 잡고
가리키는 쪽으로 방향 틀며
그곳이 가까워지기만을 빌 뿐

〈

빈 조수석엔
아이 웃음으로 접어둔 메모 한 장
자꾸만 눈에 어른거려
무거운 눈꺼풀을 힘주어 들어 올리고

밀려가는 파도처럼
숨 고를 틈도 없이 떠밀려가는 내 등
달빛이 오래도록 붙잡아주면
나는 날마다 외던 주문을 가만히 읊조린다

어둠은 곧 끝난다

안 미 화

광한문학회 회원
전북문인협회 회원
시낭송가

파리목숨에 대하여

피곤한 눈꺼풀을 담요처럼 덮고
잠의 강을 건너고 있을 때

어디선가 날아든 파리 한 마리
뺨을 두드리고 귓가를 맴돌며
윙 윙 윙 귀찮게 굴었지

손을 내저으며 쫓아내다가
불현듯 잠을 떨치고 일어나 보니
보리차 끓이려 얹어놓은 주전자
불덩이가 되어 위태롭게 숨을 토하고 있었지

급히 가스불을 잠그고
가슴을 쓸어내렸지

한낱 미물이라
귀찮다 쫓아내거나
어떻게든 잡을 생각만 했던 파리

그 파리 한 마리가 한 가족 몇 목숨을 구했네

파리목숨에 대해서 오래 생각했네

들꽃처럼

요양원을 들어서면
익숙한 얼굴들이 꽃처럼 앉아 있다
한때는 내가 상점을 할 때 일상에서 마주치던 이들이
이제는 시간의 품 안에 앉아
작은 웃음으로 나를 맞는다

시간은 다그치지 않는다
등을 떠미는 법도 없다
그저 흘러갈 뿐
나와 그들 사이 다를 바 없는 모습이
문득 거울처럼 나를 비춘다

그들의 주름진 얼굴 속에
내 미래가 서서히 걸어온다
나이든다는 것은
나무가 옹이를 품듯
스스로의 이야기를 몸에 새긴다는 것

〈

시간은 들꽃처럼 우리를 키우고
햇볕에 여물고 바람에 흔들리며
세상 어디에도 없는
저마다의 이름으로 피어나는 것

아침이면
손끝으로 기억을 깨우며
시간 속에 잠든 꽃몽오리를 깨운다
힐링 체조로 뇌의 골짜기도 다듬는다

이십오 시의 아버지

당신의 하루는 이십오 시
동이 트기 전에
먼저 깨어 망치를 들었지

마음속 이름 하나하나 껴안고
뼈마디를 톱니 삼아
하루를 돌리는 사람

작업복에 절은 땀 냄새
굽은 어깨 아래엔
지갑보다 오래된 아버지라는 직함

쇳가루 날리는 하루에도
박자 잃지 않는 심장은
누구를 위해 뛰었던가

견적보다 먼저 쓰는 건
당신의 이름이 아니라

가족의 안부

다른 사람의 생까지를 살아내느라
월말 즈음에야
비로소 마감되는 이십오 시

당신은
끝내 청산되지 않는 외상으로 남아서

격포에서

이제 걸음이 느려진 나를
말없이 받아주는 바다

격포 바닷가
먼바다 돌아오는 파도가 내 이름을 부른다

한때는 나도 힘껏 노를 저었지만
이젠 그냥 흘러가도 괜찮겠다
어디든 닿을 수 있다면

붉은 집게를 흔드는 꽃게
묵묵히 지나가는 갈매기
조개껍데기마저
이곳에선 말 없는 것들이 다 이야기가 된다

등을 다려주는 햇살 아래
나는 쪼그려 앉아
내 안에서 일렁이는 물결을 듣는다

〈
모래는 부서진 말들처럼 흩어지고
나를 지탱하던 바리도
저어가던 상앗대도 사라졌을 때

나를 건너
수평선 저 너머로 가라
가슴을 열어주는 바다

언젠가 나도 그 품으로 들어가
한 자락 조용한 물결이 될 수 있을까
그때 나는 비로소
나를 다 건넜다 말할 수 있을까

밥

새벽마다
방문을 살며시 여시던 손
부엌에 불이 켜지면
하루가 모락모락 피어났습니다

된장국 한 그릇이
마른 들풀에게 스며드는 물처럼
우리 마른 혈관에 온기의 물길을 내어주었지요

숟가락 젓가락 늘 제자리를 지켰고
반찬엔 철 따라 사연이 함께 버물려지고
식은 밥 사이로
묵은 근심도 조용히 숨소리를 낮추었지요

그땐 몰랐습니다
눌은밥 밑에 꼭꼭 숨겨두신 눈물
달력 뒷장 한 귀퉁이에
곱게 접어 넣으신 작고 단단한 바람 하나

〈

한 번도 맡으신 배역을 잊은 적 없이
부엌이라는 무대 위에서 엑스트라였지요
그러나 당신 없인 아무도 주역이 될 수 없는
주인공의 주인공

서늘한 들바람이
헛기침처럼 들창 사이로 스며들던 시간이면
방 안 가득 퍼지던 밥 냄새 같은 이름

짓고 또 지어 올리신 그 밥이
하루가 되고 생이 되고
우리 세상이 되었음을 당신은 아시는지요

순창댁

산 너머 순창 어느 골짜기
학교에 못 가고 누에 치던 계집애
열두 살에 친구 손 잡고 서울로 갔지

구멍나고 조각난 청춘
재봉틀 바늘에
쉴 새 없이 마음을 꿰맸지

그믐달 같은 사내 만나서도
두 팔 걷고 일터로 나섰고
손끝으론 온 집안의 사계를 돌렸다네

어찌어찌 하다보니
다시 고향에 돌아와
치매걸린 어매 곁에 뿌리내렸네

오래 묵을수록 곰삭은 맛
어매가 담그던 고추장처럼

옹이진 세월 가슴에 봉해두고
매운 세월 여미고 산다네

기도로 아침을 틔우고
땀으로 밭고랑을 메우며
고추장 단지 반짝이게 닦으면
가난도 발효되어 향기가 난다네

선풍기

그는 광대였다
땀방울을 먹고 줄을 타는 바람의 곡예사

사막의 태양이 요동칠 때마다
네 개의 팔은
오아시스의 바람을 조각한다

그는 방향을 갖지 않는다
다만 돌며 멈추며,
천장을 따라 내 귓가에 말을 건넨다

모래 언덕에 기대어 지친 나를 향해
메마른 언어에 숨을 불어넣고
잊힌 문장의 문을 열어주는 구루처럼

지금은 오후 세 시
그를 따라 지평선을 넘고
사막을 건넌다

〈

나는 가자
그가 조각한 말을 타고
저기 하류까지
멀리 간 웃음들이 귀향하는 가을의 문턱까지

이 병 현

광한문학회 회원
수학학원을 운영하다 은퇴했다. 귀촌 후 지금은 잘하는 일보다 좋아하는 일을 하려 노력한다. 시 쓰기, 텃밭 가꾸기, 아이들 만나기 등.
강원 시조 신인 문학상 수상으로 등단.
동리 목월 백일장 수상, 부산 문화글판 봄편 대상, 빛창 공모전 최우수상 등 수상.

방어

포항 앞바다에서 갓 잡아 올린 방어
미처 바다 내음 가시지도 않은 채
먼 여정 떠나왔다

달려온 사내들
바다 비늘 벗겨내고
눈자위 불그레한 속살 떠낸다

왁자히 둘러앉은 사내들 앞에
결 따라 헤쳐진 채
파도로 새긴 나이테
분주한 젓가락질에 사라지는데

술잔 앞에 놓고
찰진 살맛과 부드러운 감미로
밤늦도록 바닷길 궤적
풀어내지만

단단한 등뼈

굽히지 않고
마지막까지 눈을 감지 않았다

봄밤

살갗이 트는지
따갑고 간질거려 잠 못 드는
밤

이명인 듯
수런거리는 소리 들려
발소리 죽이고 뜨락에 내려서는데

눈치라도 챘나

달빛 아래 침묵시위라도 하듯
고개 숙인 수선화
새순 내밀던 백합도 매화 몽우리도

쉿
재잘거림 멈추고 시치미 떼고 있다

그것도 잠시

누가 겨드랑이라도 건드렸나
참았던 웃음 터트리며
말문이 터져 수다가 흐드러진다

이순耳順에도 아직 순해지지 않아
봄바람에 까칠하기만 한 나도
그 연둣빛 수다에 슬몃 묻히고 싶다

다만
봄이고 싶어서

구경꾼

소나무 듬성한 산기슭
언제부터인가
우듬지 끝에 흰 꽃이 피었나 싶더니

무더기로 날아올라
백로의 날갯짓 무성하였다
그 소리 커갈수록
길조일까 흉조일까
소문은 마을을 휘돌고
아는지 모르는지
백로는 그림 속 풍경 같은데

민주주의라는 이름으로
그들의 목숨줄을 투표로 결정하잔다

나무가 죽어 나가고 냄새 때문에
안된다는 거 알것는디
글씨 글먼 백로는 죽어도 되남……

〈

몇 올 남지 않은 백발 쓸어올리며
몇몇은 백로 편을 드는데

나는 끝내 구경꾼 되어 한마디 내뱉지 못하고
비릿한 비겁의 냄새만이 목에 차올라왔다

덕구할배

문전옥답은 아니라도
식전에 잠깐 물꼬를 보러 가던
논

자다가도 모가 깨어났는지 궁금해
달빛 젖은 논두렁 더듬고
벼 익어가는 냄새만으로도 저절로 배불렀지

부르튼 입술로 괜찮다며 고개 돌리던
뒤통수가 아른거려
몇 날 며칠 셈을 하고 또 하다
질끈 감아버린 미련

마침 사겠다는 임자가 나서
다행이다 싶기도 하고 서운하기도 해
헛기침 서너 번에
흐린 눈에 찔끔 물기가 어렸다

〈

반색하는 자식 놈에게
두 마지기 부치고 돌아서는 발걸음
모처럼 아비노릇 한 것 같아
흐뭇하다가도
발밑이 허청허청 주저앉을 것만 같았을 터

그 양반 기일 때쯤이면 모가
깨어나려나

끝나지 않은 이야기

분재로 키우시던 홍단풍 한 그루
딸내미 집 짓는다는 소식에
가장 먼저 마당 가에 심어 주셨지

오른쪽 줄기 밑동에 개미가 들락거리던
어느 해
아버지도 시름시름 가슴에
구멍이 뚫렸지

나머지 한쪽이라도 살려보려
가지를 자르다
기억의 끄나풀 하나를 잘라내듯
그만 울컥 몸이 흔들렸어

잘린 나이테에 촘촘히
채 풀어 놓지도 못하고 멈춘 이야기 자국
흘림체로 선명했지

〈

어디쯤에서 무엇을 멈춰버리고 싶었을까
당신은 그쯤에서 멈추고 싶었겠지만

끝없는 허공으로 이어져
멈추어지지 않은 이야기

못난이 감

무성한 풀숲 사이
감나무 제멋대로 불쑥불쑥 자라

바쁘다는 핑계로 자주 가서 돌보지 않아
되려 간섭하지 않으니
저들끼리 자유롭게 자라서일까
더 사각거리고 향이 짙다

살갗이 트고 때깔이 곱지 않지만
저 혼자 제 상처 치유하여
더러는 부러 그런 것처럼
자연 치유되어 무늬처럼 새겨져 있다

때 되어 세상 밖으로 자식 내보내는 심정으로
조심스레 줄 세워 선별하는데
열외로 나앉은 저것들

견뎌온 날들 눈에 밟혀

투가리보다 장맛이라고
겉만 보지 말고 다디단 속내를 보라고
내 새끼 이름 석 사 눌러쓴다

눈썰미 좋고 감 맛을 제대로
아는 사람 찾아가겠지
줄 밖에 나앉은 못난이 감이 씩씩하다

폭설보다 무서운 것

폭설에 묻힌 아침
눈보라 동행하는 출근길
무릎까지 푹푹 빠지는데

농협 앞
구부정한 눈사람 꿈틀거리며
손 흔든다

밀차 안 검정 봉지 속
찜 솥의 뜨건 김 혹여 달아날세라
꽁꽁 싸맨 쑥개떡 두어 개
불쑥 내민다

눈 구경도 하고 사람 구경도 하고
떡도 좀 주고 싶어서 왔다며
걱정이 무색하게 씩씩하다

폭설보다 더 무서운 건
사람 소리 못 듣는 거라며

이 선 주

전남 해남 출생
광한문학회 회원
「시와 사람」 시 등단
「에세이스트」 수필 등단
문학공간 디카시 대상
제16회 금융인 문화재 수상
시인마을 문학상 수상
미당전국백일장 수상
광주시인협회 이사
자기계발서 『라떼는 말이야』(공저)
디카시집 『그리움 흔들리는 날』
시집 『니체의 별』

바다의 악공들

해조음은
악공들의 귀에 속삭인다
어서 일어나 연주를 시작하라고
태고의 바다에서 전해져 음들이 서곡으로 삼고
부둣가 폐선에 걸린 간판이
덜렁이며 내는 소리를 북소리 삼아
연주를 시작하라고
모래톱을 다독이는 파도 소리를 허밍으로 나울거리는
악공들
악공들의 악기에서
짱뚱어가 갯벌 위에 그린 빠른 음표로 뛰고
철새는 되돌이표로 날개짓한다
악공들은
솟구쳐 오르는 숭어떼들의 높이를 고음으로 삼고
물결 따라 흐르는 미역과 해초들을 쉼표로 데려온다
그 사이를 살짝
꽁지발 딛고 들어온 섬 그늘 같은 여린음표
높고 낮은 화음이 모여

어머니를 연주한다
태동처럼 울리는 어머니의 자궁
모래의 시간을 견딘 진주알처럼 영롱한 음들
썰물처럼 빠져나간 세월에
눈물로 음을 찍어대면
따개비는
어머니 가슴에 붙어
고동 소리로 길게 울음 운다

남자와 카라얀

남자는
숨 가쁜 폭풍우의 길을 달려와
저녁 무렵 항구에 닻을 내린 배처럼
참으로 오랜만에 편안한 풍경을 바라본다

지그시 눈을 감고
가슴속이 바다 물결처럼 여울지는
카라얀의 베토벤을 듣는다

옥탑방에서
저녁과 새벽의 간극을 넘어
음악의 파도에 몸을 맡기고
물결 잔잔한 항해에 오른다

카라얀은 지휘봉 하나로
남자의
오후를 연주한다

너를 벗어 놓는다

블루정장 핏에
화이트 칼라 블라우스 코디가 돋보이는
당당한 키리어우먼
너를 벗어놓는다

철따라 꽃피듯 변모하던
단아한 패션 스타일
너를 벗어놓는다

네모 모니터에 빨대처럼 망막을 꽂고
숫자 분석에 몰입하며 소숫점 오차조차
절대 허용하지 않은 깐깐한 성미의너를 벗어놓는다

출근 전 착장하고 전신거울 앞에 서서
머리 끝에서 신발까지 훑어보며 미소짓던
너를 벗어놓는다

은퇴의 시간

첨예한 생의 줄다리기로 살아온 너를 벗어놓고
이제 신이 주신 소담스런 밥그릇으로 살아가리

바자회 매대 위에
삶의 긴장으로 묶인 끈을 풀어
오래, 나의 페르소나였던
너를 벗어놓는다

세량지에서

안개는 호수의 경계를 지우고
산벚꽃 물 위에 징소리처럼 둥글게 퍼진다

세량지 화폭에
잔물결 따라 나비춤 추는 봄빛
나비의 날갯짓에 여백이 흔들리고
구름은 부풀어 있다

꽃반지 끼고 다짐했던 언약은 호수 밑에서 숨 쉬고
쭈뼛대던 그 낯빛 물결에 번져가면

헹구고 헹구어도 지워지지 않는 그 사람
아직도 옛날처럼 심장은 뛰어

꽃물 드는 은빛 잔파도에
그림자만 홀로 서성이고 있다

은빛 레지스탕스

억새는 저항한다

석양이 몰고 오는 붉은 어스름에
강물에 눈 부시는 윤슬에
비튼 난장으로 후리는 바람에

저항한다

흔들리는 일은 저항하는 일
쓰러지지 않기 위해
온몸을 흔든다

억새는 은빛 레지스탕스
흔들리며
씨앗을 심는다

침묵의 향기

달리의 시계처럼 구부러진 등허리로
남자는 듣고 있다
카페의 탁자 맞은편에선
누군가를 무엇인가를 원망하듯
금속성 여자의 깨어진 목소리
풀리지 않는 삶의 실마리 붙들고
발버둥치는 울음일까
처음부터
칼칼한 쇳소리였을 리 없겠지
남자는 안다는 듯
다 안다는 듯
묵묵하다
허공을 울리다가 되돌아가는 여자의 목소리
누군들
목구멍에서 치밀어오르는 말들이 없으랴
때론 얼음처럼 차가운 문장을 안으로 삼킬 때가 있다
말없이 주저앉아
마음엔 딱지가 앉기도 하지

고개 숙이며
날아오는 사금파리 같은 말들을
한껏 받아줄 때
침묵에서도 향기가 난다

길은 은총으로 흐르고

철길은 녹슨 평행선
침목 사이에 풀꽃이 피었다가 진다
기차의 경적은 철로처럼 끊겨 있다
소나무에 옷자락 스치며 인연의 에움길을 걷는다
그대는 교집합으로 똘똘 뭉쳐있는 둥근 공이었나
퍼즐처럼 제 자리를 찾아내는 기억들
바닥을 통통 튀며 구른다
빗질한 머리카락에 동백기름 바른 할머니처럼
가지런해진 마음이 수평을 이룬다
녹슬어도 또 만날 수 있겠지
불투명한 미래는 보증할 수 없는 담보물
기분을 가불하지 않겠다
달빛 창가에 말러의 4번 교향곡이 부팅되면
다윗의 참회의 눈물,
미제레레로 화답하는 고요한 파문
머물다간 시간이 홀로 접점이다
그대와 나는 철길처럼 흐르는 평행선
은총으로 흐르는 길

이 정 숙

광한문학회 회장
전북문인협회 회원
「모던포엠」 신인상
제14회 고양행주문학상 수상
시집 『그 잠 곁을 돌아 나왔다』

응답

때마침 나는
늦은 점심상을 오래 붙들고 있었고
빼꼼하게 열린 거실문 사이로
쭈뼛거리는 고양이와 눈이 마주쳤다

이미 배가 부른데도
한두 젓가락 남은 반찬은 먹어서 치워야 하고
두면 상할 것 같은 것도 아까워
먹어서 없애자 하고 있는데

고양이의 기진한 눈빛에 찔려
입 안에 모래알이 버석거렸다
홀쭉한 어미는 뒤에 조막만한 새끼를 달고
그저 안을 바라다보고 있을 때

동냥젖으로 나를 키웠다던 어머니와
마다 않고 젖가슴을 내주던 젖동무의 어머니들이
고양이의 눈빛으로 다가왔다

〈

그녀들의 젖줄과
한낮의 태양과 어제 먹었던 상추 한 잎
괜찮다며 내 눈물을 반짝여주던 바람에게
나는 빚 진 자

지구 저편에서 신음소리가 들려왔다
이제야 귀가 틔였으므로
나를 덜어내야 한다는 걸 알았으므로
나는 좀 일찍 숟가락을 내려놓아야 할지 망설이고

나는 못 팔았어요

우루루 불려 나온 나뭇잎처럼
제 가난을 증명하느라 바스락거리는 아이들
관광객인 나의 손목에 팔찌를 들이대자
내 가슴에 수갑이 조여왔다
더듬거리는 입술 위에 얹힌 그 말
'나는 못 팔았어요' 갈고리를 달고 맨발로 따라와

하늘조차 품고 누운 바레이* 호수
아이들에게 밥벌이를 내보내고
티끌이 든 눈인 양 끔적거리는 것도 같아

물잠자리처럼 아이들은 호숫가로 돌아가겠지
팔리지 않는 싸구려 눈물에 날개가 젖기도 했을 것인데

실로 짠 팔찌는 한나절 만에 끊어지고
언제쯤 아이들은 그 고리에서 풀려날까

---

* 바레이: 캄보디아의 최대 인공호수

〈
끌끌 혀를 차며 뒷짐 지고 가는 사람들
그 절벽을 타고 등 뒤에서 미끄러지는 아이들

그들은 자라서 어디로 갈까
나는 그곳을 떠나오면 잊어버릴 수도 있지만
나는 못 팔았어요 나는 못 팔았어요
돌팔매를 던지며 쫓아오는 것 같아 나는 온몸이 욱신거렸다

처서 이후

산등성이에 올라서자
염천을 걸어온 볕발이
나뭇잎마다 제 발가락의 피멍을 벗는 중이다

몰라보게 굵어진 땡감은 독기를 거두고
때로는 울음도 약이 될 때가 있듯
땅은 그 한기로 배추며 무를 키울 것이다

어디가 어딘지 모를 팍팍한 길에서
슬쩍 등 밀어주는 바람
이제 갈 길이 보이는 걸까
제 속을 드러내는 처서 이후

당신 손바닥이 내 살갗에 닿아 단맛 도는
아침과 저녁의 입맞춤
내 등허리가 달고
새는 높이 떠서 하늘 저 위로 날아간다

거식

너는 뒤끝이 짧아 좋은 사람 그러나
나는 그 뒤끝에 찔려 울음이 긴 사람
빈창자는 소화되지 못한 말들로 득실거렸다
다만 그것은 내 속의 일, 입 벌리지 않았다

여기는 안전한 고해소야 누군가 귀띔해준다면
나는 참말을 할까
오물오물 갉아 뱉던 푸른 달과
입 안이 자주 쓴 이유에 대해서
나는 묻고 싶은 말이 많은데

한 열흘 굶고 나면
용서와 사랑은 한몸이 될지도 몰라

거부하는 것은 몇 숟갈 먹고 토하는 밥이 아니라
사랑이 많은 척, 용서를 남발하는
내 만성적 가면이 넘어가지 않아
한밤중 일어나 끄윽끄윽거리는 것이다

그림자의 행방

한 걸음 사이에 낮과 밤이 물려 있다
어느 쪽으로도 마음 뻗지 못해 허물을 걸쳐 입은 몸
서로의 표정은 읽히지 않았다
비틀거리는 그림자는 그림자의 것일까
너라고 불리는 나의 것일까
네 뒤에 숨은 내가, 내 뒤에 숨은 네가
깊은 밤
달아나는 것은 단지 그림자뿐일까

같은 방향으로 돌아와 눕고 일어서는 아침
내 발치에 혹은 네 발치에 묶여 빙빙 돌지만
경계선이 무너지고부터 경계가 시작되었다

그림자가 흔들릴 때 태양은 어디 있었을까

몸 안쪽으로 서로를 끌어들였지만
알맹이처럼 껍데기처럼 겉도는 뒷모습을
눈 감은 채 헤아리고만 있었다

사람을 찾습니다

강릉행 막차를 탔다
밤바다를 향해 혼자 가는 사람은 드문지
없다고 쳐도 통하는 모양이다
늙수그레한 기사는 나를 보면서도 사람도 없다며
대관령을 넘어갈 때까지 동료와 전화질이었다
나는 사람의 수에 들지 못하는 가벼움으로 혹은 불안함으로
슬그머니 의자에서 등을 낮췄다
돈 안 되는 일은 떳떳하지 못한 사람의 일로 멀미가 나서
차가운 유리창에 이마를 그으며
창밖에 나란히 앉은 나에게 실소를 보냈다

천사인 척, 나를 속이고 산 적이 있었다
간도 쓸개도 빼놓았으니 나긋나긋
천사는 제 이름에 책임져야 했으니까
그러니까, 지금 사람 취급 안 해도 억울할 것도 없는데
어느 틈에 동승한 간과 쓸개가 한 좌석을 차지한 채
나와 겨루고 있었다

〈

멀리서 검은 바다가 떠올랐다가 가라앉았지만
나는 여전히 그것들과의 싸움으로 파랑이 일었고

'사람을 찾습니다'
전봇대가 전단지를 들이밀며 막아서서
검문에 걸린 나는 다시 신상이 털리고 있었다
나는 얼마의 현상금이 걸린 사람일까 천사일까

파도는 쉼 없이 와서
나를 내놓으라 거품을 물고 윽박지르곤 했다

양간지풍
– 제14회 고양행주문학상 수상작

나의 양양에서
당신의 간성은 멀다
우리 사이엔 바람에 뒤틀린 듯한 산맥이 기로놓여
봄이면 한바탕 밭은 숨이 틀어오른다
바짝 마른 가슴팍에 기어이 불이 붙고

당신에 대한 굶주린 생각이 불타오르면
혀끝에 달구어진 이름 부르며
이 화염의 골짜기에서 돌아설 수도 없어
나는 죽어야 끝이 날, 간성에 다다라야 한다

오래 서성거린 바람이 갈기를 세워
내 움츠린 어깨에 채찍처럼 감겨오면
활활 꽃신 신고 나는 목숨 사르며 산을 탄다
솟아오른 능선 아래서 주저앉을 뻔도 했지만
이미 엎질러진 불의 함성 앞세워

〈

양양에서 간성까지
빠른 걸음으로 하룻밤 하룻길
잡히면 죽는 날카로운 불꽃 등에 지고
나는 헐떡거리며 산등성을 넘어간다

내 안의 불로 내 살 지지면서
너에게 닿는 간성에서 재가 되겠지만
그 잿속에 타고 남은 이름 다독거리며
아직 불기로 뜨거운 나의 이마를 식히리라

그런데, 간성은 어디에 있을까

당신과 나의 경계에서 모래바람이 불어왔다

정다교

전북 순창 출생
광한문학회 회원
전통놀이강사, 다도예절강사, 시낭송가, 북나레이터, 숲해설가
서울특별시 전국 시낭송대회 대상, 김삿갓 전국시낭송대회 최우수상 수상

시간을 다림질할 수 있다면

여름이 시작되자
묵은 찹쌀가루 체에 밭혀 풀을 쑨다

구깃구깃 지난 계절이 남아 있다
찹쌀풀로 생기를 넣어 다린다

고르게 펴지는 주름 따라
시끄럽던 마음까지 활짝 펴진다

혼례나 회갑 동네잔치가 벌어지면
어머니는
날밤을 새워 옷매무새를 지어내셨는데

분무기도 없던 시절
숨죽여 내뱉지 못했던 한을 품어내듯
한 모금 물을 머금어 온 힘 다해 뿜어내셨지

자식 넷 등살에 구겨지고 휘어진 당신의 세월도

다림질로 펴졌으면 좋으련만

다림판도 전기다리미도 없어
네 귀퉁이 이를 악물고 잡고 있었지
그 시절 던 그 힘으로 구김을 펴본다

올여름도 고실고실 환하겠다

독사탕 2

마을회관 할매가 살며시 내밀어준
새하얗고 동글동글한 사탕 세 개
어릴 때 먹던 사탕과 닮았다

쪼글쪼글한 손길 속 따스한 온기
입에 넣어 굴려보다
오도독 깨트리다 보면
마음은
어느새 고향 빨래터로 달려간다

해 질 무렵 우물가에서 빨래를 하다
거칠어진 손등에 맺힌 물방울 닦으며
주머니 속 사탕 하나 쥐어주시던 엄마

달콤함에 스미는 짠내같이
혀끝에 맴도는 어린 날의 기억
사탕 하나 다 녹기도 전에 마음 한 켠이 촉촉해진다

어느 벌레에게

집 근처 모래 놀이터
맨발로 걷는데 무언가 톡 쏜다
놀라 아픈 발바닥을 들고 보니
까만 벌레 한 마리 뭉개져 붙어있다

하필 내 발에 걸려 징그럽다고 원망하다가 문득
벌레가 짠해졌다
내가 밟지 않았어도 나를 공격했을까

저도 나처럼 산책을 하던 중이거나
귀가하지 않은 식구를 기다리고 있었을까
느닷없는 사고를 저것의 가족은 받아들일까

나는 잠깐 따갑고 가려우면 그만인데
뭉개진 벌레를 보자니
어둠 속에서 발걸음 무겁게 돌아가던
어느 가장의 뒷모습이 어른거렸다

〈

이 밤, 어딘가에서
나처럼 뒤척거릴 벌레 한 마리가
꿈속으로 꿈틀거리며 나오기라도 한다면
괜찮냐고 묻고 싶다

무시 쪼가리*

마을회관 할매들 건강 체조 수업을 했다
같이 밥 묵자고 나를 붙들어 앉힌다

도톰도톰하게 무시를 깔고
그 위에 갈치 몇 토막이 나른하게 앉아 있다
푸욱 무르면서 무시는 갈치와 한통속이 되어
무시토막에 갈치 맛이 배어들었다

제각각 성깔 있던 할매들도
이제는 호졸근하게 서로에게 기대고 있다
그려그려 대충은 포기하고 대충은 양보하여 보드라운 뒤끝
닳아진 지문이 똑 닮았다

무시조각이 갈치살보다 맛있다
겨울이면 어머니는 큰 냄비 가득 무시를 지져주었다
어우러지고 서로 보듬고 지나온 한 시절

---

* 무시 쪼가리 : 무 쪽, 혹은 무 쪽을 맵게 졸여 만든 무조림

〈

자박자박 한 투가리 기억을 붙들고
뿌옇게 김이 서린 안경 속에서
어머니가 흘러내렸다

여자의 일생

마을회관 싱싱생생 건강교실 시간
기억도 가물가물 아흔일곱

옛노래 따라 부르며 들썩이는 어깨춤에
한 맺힌 신명

손발 털기 운동
혀를 내밀며 메롱 운동
세 살 아기의 재롱으로 터져 나오는 웃음

한을 풀어내듯 허우적거리는 춤사위
이 없는 합죽웃음
걸어온 먼 길이 풀려나온다

오늘도 일곱 살 어린 영감님
읍내 다방으로 놀러 나가신 것을 알고나 있을까

언제까지 제 발로 걸어 나오실 수 있을지

문득 붉어지는 눈시울
여자의 일생 큰 소리로 부르며 춤을 춘다

입 안에서 살아있는 엄마

명절이면 엄마는 찹쌀 유과를 뒷방 항아리에 가득 만들어 놓았었지

우리들은 생쥐처럼 드나들어
겨우내 뒷방 문턱은 반질거렸지

솥뚜껑 위에서 달궈진 검은 모래는
주먹을 편 듯 손바닥만 한 유과를 낳았지
엄마처럼

부서진 것들은 내 차지가 되었었는데

뒷배란다 한과 상자에서 내 얼굴만 한 유과를 가져온다

유과 한 조각이 입에서 녹는다
엄마의 이름이 내 입 안에서 달다

정거장

곡기를 끊어버리고 물만으로 하루하루를 버티고 있는 그녀의 남편
그렇게 한 달이 지났다

오늘도 억지웃음을 웃는 그녀의 얼굴이 삐걱거린다
누리끼리해진 눈동자가 허공을 맴돈다

시집오던 첫날밤처럼
새색시의 가슴보다 더 두근거리는 나날들

미련은 갈수록 쌓이는지
숨소리만 잦아들어도 철렁이는 그녀의 심장

텅 비어버린 기억으로 어디쯤 가고 있는 것일까

가장의 지게를 내려놓지 못하고
어떤 그리움으로 땅끝에 발 디디고 버티고 있는가

오늘도 마지막 정거장에서 이별 연습을 하며 토닥토닥 밤을 재운다

조 휘 문

순창 출생
2022년 월간 『문학공간』에 수필 등단
2024년 『시와사람』 시 등단
원광 효행문학상(수필 부문), 산해정 치유문학 더 베스트상(수필 부문),
한석봉 문학상(시 부문), 남명 문학상 실천상(디카시 부문) 수상
순창문협 회원, 광주문협 회원, 광한문학회 회원
현, 순창 베르자르당 갤러리 카페 운영

호박꽃 지옥

호박꽃 속에 벌이 들어가면
꽃을 오므려 벌을 잡았다
그것을 놀이라 생각하는 동안
꽃은 지옥이 되었다

날개와 다리가 부러지며 발버둥치는데
벌의 울음소리가 어릴 적 내게는
축제의 나팔소리로만 들렸다

그날 밤 이태원 할로윈 데이
골목은 출구가 막힌 호박꽃 지옥이어서
날개와 비명들이 나뒹굴었지만
아무도 문을 열어주지 않았다

다급한 액정 위 문장이 깜빡였으나
목숨은 배터리보다 먼저 가버렸다

꽃문을 닫아버릴 때

꽃도 때론 무기가 된다

나는 아니라고 말하지 못한다
호박꽃, 그 벽에 긁힌 손톱자국을 안고
이제 지옥을 살고 있다

샤갈의 초대장

민증을 내밀고 지하철 할인을 받는다

국가가 공인한 노인으로 우대받을수록

남은 시간은 점점 할인되고 있다

환승역에서 길을 바꾸어 샤갈전이 열리는 예술의 전당에 간다

샤갈의 푸른 말을 타고 밤하늘을 가른다

목덜미에 걸린 별빛이 날개를 펴고

붉은 사랑으로 그린 얼굴들 위로 샤갈이 말이 날아오른다

꿈은 멈추지 않는 비상

노인우대증은 꿈을 금지하진 않는다

〈

액자 속 날개에 잠시 기대어 내 날개를 만져본다

기차는 아직 달리고 있다

조금 느린 자리에서

나는 샤갈의 푸른 말을 타고

종점이 없는 꿈을 향해 가고 있다

물속에서 끊긴 말들

안개가 배를 덮었다
차디찬 입김이 선실을 파고들 때
아이들은 줄지어 앉아 있었다

무전기는 끝내 대답하지 않았고
기울어가는 배 안에서
휴대전화 불빛이 하나씩 꺼져갔다

가만히 있으라는 선내 방송이
구원의 말씀이라고 믿는 동안
아이들의 말은
물속에서 뻐끔거리다 끊기고

마침내, 무덤처럼 무거운 바다
파도는 무섭게 고요했고
안개는 피멍이 든 얼굴로
뒤늦은 구조선을 바라보았다

〈

그날의 안개,
이제 대답할 시간이 왔다
우리 아이들은
엄마의 전화, 아빠의 편지
수심 40미터 아래 맹골수도에서
어른들의 말을 여전히 믿는가

안개 낀 날이면 민어가 울었다는 어부의 말처럼
기울었던 배는 아직도 흔들리고
그날의 일기는 닫히지 않은 채
오늘도 뉴스의 말미에서 무음으로 펼쳐진다

빵 굽는 손

오븐 앞에 서 있는
그대의 거친 손등을 끌어
내 뺨에 조용히 문지릅니다

손금마저 희미한
마른 막대기 같지만
나에게는 가장 아름답습니다

새벽마다
빵을 굽는 그 손이
눈물과 기도였음을
빵 한입 베어 물며
가슴 아려 깨닫습니다

당신은 빵을 굽는 장인
숨을 불어넣고
사랑을 덧입힙니다

〈

반죽을 치대고
깊은 밤 홀로 빵을 지키는 당신은
밤새 시 한 줄 지웠다 쓰는 나보다
세상의 한가운데서
조용히 향기를 퍼뜨립니다

이제 알았습니다
당신의 손이
이 지상에서 가장 아름다운
시 한 줄이었다는 것을

유월의 가족

은사시나무 이파리가 새떼처럼 하늘을 난다
허공은 이유를 묻지 않는다
살다가 어느 날은 넘겨지지 않아
온몸으로 울어야 하는 날이 있다
총성으로 귀먹은 유월의
푸르스름 멍든 아침
나뭇잎 사이로 비추는 햇살에
부활의 숨결이 있고
바람의 어미와 아들을 등에 태워 하늘로 간다
그러니 슬픔은 어떤 모양으로든 돌아와
든든한 배경이 되어주는 일
마당귀에 석류꽃 부러진 채 피었고
패랭이꽃 눈에 밟혀
어디가 아픈 것처럼 일어설 수 없지만
이 아픔의 힘으로 유월은
은사시나무 이파리를
새떼처럼 하늘을 날게 한다.

철길

천진한 아이의 웃음소리마냥
연둣빛 봄이 벙그러지고
선로변 수양버들은 자주 놀라 휘늘어진다

닿지 않아 적당한 거리
멀어지지 않아 정 깊은 간격
긴 터널을 지나온 당신과 나의 평행선
건반 같은 침묵을 지나간다

덜컹거리다 때로는 숨 죽였고
때로는 우는 소리를 내면서도 같은 마을에 이르는
한 악장을 연주하는 악기처럼

쉼표로 찍힌 역에 들러 숨을 돌리고
다시 내비는 등에 업힌 늦
나는 차창에 기대어
창 밖에 비친 나를 무심히 바라본다

〈

당신과 나와의 거리
한 방향을 향한 씨줄을 따라
흔들리지 않으려 날줄을 짜 넣었다

부,부가 나란히 걸어간다

봄비의 인사법

갈증 난 꽃밭에
빗방울 씨앗이 터져
흙 사이 촉촉한 숨결이 흐르고

연둣빛 버드나무 가지에
빛방울이 탱탱하다

뒤뜰 산수유 몽우리가
빗물에 몸을 씻고 노랗게 웃음을 연습하는
이런 인사법

나무들에게 이름표를 달아주고,
꽃들에게 색칠을 하고,
유치원 갓 입학한 듯한 나에게
어디선가 이름을 부르는 소리
당신이 오고 있었다

최 태 랑

광한문학회 회원
2012년 〈시와정신〉 등단
『도시로 간 낙타』 등 시집 4권 발간
〈인천문학상〉 〈김만배문학상〉 〈아산문학상〉 〈시작상〉
〈성호문학상〉수상
현, 고양특례시 문인협회장

그때 그 당부

양지말 읍내 장터
멍석 바구니에 담긴 강아지가
새 주인을 기다린다

할머니 따라온 어미개
보채는 강아지를 모른 체해도
자꾸만 바구니를 뛰어넘어
어미젖에 매달려 빤다
국밥 먹고 돌아왔더니
네 마리는 이미 팔렸고
마지막 남아 있는 점박이
새 주인 품에 안겨서 간다
강아지 따라가며 어미개가 껑껑 짖는다

정거장까지 따라 나오던
그때 그 당부
객지 가서 배곯지 마라

러브버그

이름을 듣고는
사랑할 때 먹는 빵인 줄 알았다
먼 나라 해안에서 해풍을 타고 건너왔단다
파리도 아니고 개미도 아닌 것이
붉은 가슴이 뜨거운지
허구한 날 암수가 붙어 짝짓기를 한다

조물주도 때로 짓궂은 장난기가 발동했던지
매미처럼 목이 타게 구애를 안 해도
암수가 만나기만 하면 꼬리를 맞댄다
짝을 찾지 못한 놈은 사람 몸에 붙어 자꾸
사타구니로 파고 든다

사흘간의 전 생애가 사랑이다
사랑을 섭누사로 이름 붙여진 벌레

암컷이 앞으로 가면
수컷은 뒷걸음쳐 질질 끌려간다

날 때는 서로 방향이 달라
쌍 날개 헬리콥터처럼 수직 상승하다 떨어진다
저 러브는 확고하고 견고해서
빗방울에 맞아도 바람이 불어도 끊어지지 않는다

암컷이 수컷을 끌어 주도한다니
천국에서 왔을까 싶다
그러나 여기는 천국은 아니어서
시를 가리고 때를 가리지 않으면
벌레, 벌레에 지나지 않은 것을

러브와 벌레의 역설의 조어법
그 먼 거리를 생각한다

가위

두 개의 쇠붙이가 엇눕혀 한 쌍인 가위
갈라놓는 본성에 길들여졌다
늘 무엇인가 자르려고 입을 벌리는 가위
상반된 두 날이 서로 등을 비비는 순간
양편으로 나뉜 빛과 어둠,
양변의 길이만큼 상처가 깊다

자르지 못해 녹이 슨 습관
도박과 담배를 가위로 잘라볼까
숱한 맹세와 다짐만
예리한 가윗날에 잘려나갔다

가위가 선택한 어느 수반에는
푸른 피를 토하고 죽은 꽃들이 서 있고
사과나무는 상처 위에 꽃을 피운다

남겨야 할 것과 버려야 할 것에
길들여진 차갑고 냉정한 가위

〈

때로는

태반을 잘라 새로운 생명을 얻기도 한다

하나님을 팝니다

돈은 받지 않습니다
집은 덤으로 드릴게요
우리 집은 누추하지만 하나님이 살고 계세요
나무판자와 비닐을 덧대어 만든 낡은 비닐하우스
수돗물도 나오지 않고 전기도 들어오지 않아요
엄마는 사마리아로 떠났고
아빠는 요단강 건너가 오지 않아요
누가 보호자인지 모르는
팔순 할머니와 일곱 살 사랑이가 살아요
곳곳에 벌레 곰팡이가 있어도
하나님하고 같이 살아요
오솔한 밤, 다가올 겨울이 걱정이어요
사랑이는 어려워도 투정은 사치라 감추고 살아요
오늘도 상추 팔다 늦은 할머니
오는 기척에 뛰어가는 천사
형편이 점점 가물어가는 초막살이
할머니는 오는 날보다 가는 날을 붙잡고 싶대요
그때가 좋았다고
하나님이 추워요 누가 하나님 사 가세요

자화상

내 얼굴을 그리려고 거울 앞에 서 보니,
아무리 봐도 나는 어디 가고
낯선 사람이 들어 있다

찬찬히 보니, 한 노인이 나를 보고 있다
이웃집 할아버지 같기도 하고
성질 사나운 굶주린 승냥이 같기도 해
다시 보니 아버지 같기도 하다
웃어 다시 보면
동생 같기도 하고 아들 같기도 하다
시간 속 낯선 이방인
살며시 말을 걸면 수줍었는지
얼굴 바꿔 시치미를 떼고 나를 본다

한 번도 치켜떠보지 못한 눈빛
때로는 천진무구한 낯선 사람
그 얼굴 속에서 헤쳐 갈 미래의 시간이 보인다
귀를 세우면 빨리 가라고 경적 소리가 나고

미간의 주름 속에는
언제 자리 잡았는지 애환이 박혀 있어
아무리 보아도 내 얼굴은 없다

늙으면 눈물이 헤퍼져
작은 일에도 서러워진다
어디서 쉰 목소리가 난다
나 여기 있어

당신이었소

당신은
엄마 같기도 하고 누이 같기도 하지만
다시 봐도 내 사람입니다
내 힘들고 어려우면 먼저 물어보고 싶기도 하지만
더 힘들어할까 봐 돌아서는 사이입니다
나에게 가장 많은 눈물을 보였지만
웃음을 가르쳐 준 여자입니다
이 세상 어디를 다 찾아봐도
하나밖에 없는 내 사람입니다
빨랫감 속옷, 비상금을 귀신같이 찾아내는 사람
그래도 단 한 번도 묻지 않는 사람
우리 아이들을 몸으로 키운 당신
내 여자이면서도 어디론가 가버릴 것 같아
손잡고 꼭 있어 줘야 할 사람입니다
귀갓길 당신을 볼 시간이면
내 발걸음은 포목점 자처럼 빨라집니다
여기까지 온 것도 같이 가자는 말이었습니다
당신 심심찮게 가고 싶다는 그곳

갈 때가 되면 편도 티켓을 끊고
기다리다 혼자는 못 간다고 돌아설 여자
매일 밥상을 마주하고 싶은 여자
당신은 내가 사랑을 알게 한 유일한 여자입니다
나섬이나 자랑을 모르며 뒷모습만 보이는
평생 18세 소녀 같은 여자입니다

아내 일기

월남서 귀국한 그해 삼월에 결혼하고 곧 아이가 생겼다. 옆집 새댁이 준 소주잔을 냉큼 받아먹었다. 뱃속 첫아이가 있는 줄도 잊고. 나는 금세 얼굴이 붉어졌다. 아이는 퇴근한 아빠 기척을 알아차리고 발길질한다. 나만 아는 비밀이다. 우리 식구 중에 유일하게 그 애가 술을 잘 먹는다.

오늘은 관사 뒤곁에 토마토를 따와 어긋이 여민 접시에 아빠가 드시고 난 후 남아 있는 파란 애기 눈꽃, 딸이 혀로 핥아먹는다. 내일은 두 개를 따와야겠다.

남편은 부엌에서 책을 읽으면 맛이 난다 한다. 나를 바보같이 써놓은 남편 시집은 읽기 싫다. 요사이 음식이 점점 짜진다. 아마 소금을 치고 돌아서면 잊고 또 쳐서이다. 기억력이 청춘처럼 점점 멀리가 있다.

그리운 것들이 아스라이 지워지는 가을이다. 까치가 울기에 깍깍 대답해 주었다. '당신도 해봐' 했더니 까치가 날아갔다. 네 손님이 아니었나 보다.

밖에 나갈 때면 나는 종종 문에 노크를 한다. 왜 하느냐고 물으면 밖이 궁금하잖아 했다. 이렇게 외출할 때면 손도 잡고 팔짱도 끼었는데, 이젠 뒤따라간다. 남편 위신 깎일까 봐. 남편이 엄마 생각이 난다는 홍시를 사서 손에 들려준다. 회양목 울타리를 지나 쪽문으로 집에 가라 한다. 건널목에서 한참을 보고 있다. 못 찾아갈까 봐 등 뒤에 눈이 따라온다.

가로수 낙엽이 떨어진다. 주워보니 상처 난 것들이 많다. 우리 부부도 그동안 어디 상처받는 일이 없었으려고.

오늘은 요양 등급을 결정하는 심사관이 왔다. 애들이 뭐든지 물어보면 '모른다' 하라 한다. "길을 잃으면 어떻게 하지요"하고 묻기에 "파출소로 가지요"했다. 이번에도 등급 받기는 틀린 모양이다. 난 그곳에 가기 싫다. 남편과 지낼 수 있어 천만다행이다. 천변 노을이 아름답다. 내 기억처럼 저물어간다.

세월이 건넨 초대장

조휘문(계칠)

잠시 일상을 벗어나 낯선 곳으로 향할 때면 우리는 자기 삶을 되돌아보게 된다. 여행은 단순히 멀리 떠나는 것만이 아니라, 잊고 살았던 자신에게로 돌아가는 일이기도 하다.

경기도 고양시 문인협회 최태랑 시인님의 초청으로, 복효근 시인의 강의를 듣기 위해 광한문학회 회원들과 함께 여행을 하게 되었다. 1박 2일. 광한문학회는 남원에서 복 시인과 함께 시를 공부하는 모임이다. 나이도, 사는 모습도 제각각이지만 시를 사랑하는 마음 하나로 우리는 이미 가족 같은 도반이 되었다. 역에서 만나는 순간부터 웃음꽃이 피어난다.

기차표를 사며 경로우대증을 내밀었을 때 문득 마음이 멈칫했다. 어느새 우대를 받을 나이가 되었구나 싶었지만, 과연 내가 '존경받을 자격이 있는 노인인가?' 자문하게 되었다. 세월이 흐른다고 누구나 존경을 얻는 것은 아니다. 나이란 그저 시간의 흔적이자, 세상이 내게 요구하는 새로운 자격일지도 모른다는 생각에 숙연해진다.

기차는 서울로 향했고, 창밖으로 여름의 풍경이 흘러간다. 나의 생애도 저 풍경처럼 흘러왔으리라. 스쳐 지나가는 들녘의 초록빛 속에서, 심장이 뛰는 매 순간이 얼마나 소중한 시간인가를 새삼 생각해 본다.

시인의 강의는 새로운 울림을 주었다. 함께 공부할 때는 미처 느끼지 못했던 많은 것을 생각하게 했다. 급변하는 시대 속에서 시인이 지녀야 자세를 진지하게 고민하는 선생님의 시선 속에서, 우리도 어떤 자세로 문학을 대해야 하는가 깊이 고민하는 시간이었다.

남산타워에 올라 내려다본 서울의 야경은 별빛보다 눈부셨다. 반짝이는 불빛 하나하나가 누군가의 삶이다. 그 속의 나는 한 점의 작은 빛에 불과하지만, 그 점들이 모여 세상을 밝히는 법이다. 사소한 존재라 해도, 그 사소함이 모여 전체를 이룬다는 생각에 위안과 감사가 밀려왔다.

숙소로 돌아와 도반들과 함께 한 잔 술과 차담을 나누며, 복 시인님의 말씀을 되새겼다. 사랑 앞에서는 나이도 물러난다. 젊음은 불로초가 아니라 사랑과 열정 속에 있다. 시를 이야기하는 도반들의 눈빛이 젊은 연인의 눈빛처럼 반짝이는 시간이었다.

이튿날 우리는 예술의 전당에서 열린 마르크 샤갈전을 관람했다. 푸른 말이 하늘을 달리고, 연인들이 공중에서 포옹하는 환상적인 그림 앞에서 한동안 발걸음을 떼지 못했다. 샤갈의 색채는 현실을 넘어선 꿈의 언어였다. 그의 푸른 빛 속에서 나는 다시 꿈을 꾸는 법을 배웠다. 꿈은 살아 있음의 증거이자, 살아가야 할 이유였다.

돌아오는 기차 안에서도 웃음소리는 그치지 않았다.

창밖으로 스치는 노을빛이 도반들의 얼굴을 붉게 물들였다. 짧은 여행으로 도반들은 새로운 다짐으로 마음이 부풀어있었고 그 순간 우리는 살아 있었다. 마치 강물을 거슬러 오르는 연어처럼, 흐르는 시간 속에서도 맑고 푸른 수원지를 향한 도약을 멈추지 않으리라.

기차에서 내릴 때는 경로우대증을 꺼내지 않았다. 대신 마음속으로 새로운 다짐을 꺼내 들었다.

나이가 아니라 삶으로 존경받고 우대받는 삶을 살아가리라. 내가 쓴 글이 나를 증명하도록 살아야겠다, 다짐도 해본다. 그 다짐이 또 다른 여행의 초대장이 되어 내 앞에 놓여 있었다.

광한문학 2025 제3호

꿈꾸는 돌

인 쇄 2025년 12월 19일
발 행 2025년 12월 26일

발행인 이정숙
발행처 광한문학회

제 작 신아출판사
전주시 완산구 공북 1길 16
(063) 275-4000 · 0484

ISBN 979-11-5933-616-4 (03810)
값 11,000원